TRANZLATY

La Langue est pour tout le Monde

言語はすべての人のためのもの

La Belle et la Bête

美女と野獣

Gabrielle-Suzanne Barbot de Villeneuve

Français / 日本語

Copyright © 2025 Tranzlaty
All rights reserved
Published by Tranzlaty
ISBN: 978-1-80572-050-8
Original text by Gabrielle-Suzanne Barbot de Villeneuve
La Belle et la Bête
First published in French in 1740
Taken from The Blue Fairy Book (Andrew Lang)
Illustration by Walter Crane
www.tranzlaty.com

Il était une fois un riche marchand
昔、裕福な商人がいました
ce riche marchand avait six enfants
この裕福な商人には6人の子供がいた
il avait trois fils et trois filles
彼には3人の息子と3人の娘がいた
il n'a épargné aucun coût pour leur éducation
彼は子供たちの教育に惜しみない費用をかけた
parce qu'il était un homme sensé
彼は賢明な人だったから
mais il a donné à ses enfants de nombreux serviteurs
しかし彼は子供たちに多くの召使いを与えた
ses filles étaient extrêmement jolies
彼の娘たちはとても可愛かった
et sa plus jeune fille était particulièrement jolie
そして彼の末娘は特に可愛かった
Déjà enfant, sa beauté était admirée
子供の頃から彼女の美しさは賞賛されていた
et les gens l'appelaient à cause de sa beauté
人々は彼女の美しさから彼女を呼んだ
sa beauté ne s'est pas estompée avec l'âge
彼女の美しさは年を重ねても衰えなかった
alors les gens ont continué à l'appeler par sa beauté
人々は彼女の美しさから彼女を呼び続けた
cela a rendu ses sœurs très jalouses
これには姉妹たちも嫉妬した
les deux filles aînées avaient beaucoup de fierté
二人の長女は大きな誇りを持っていた
leur richesse était la source de leur fierté
彼らの富は彼らの誇りの源であった
et ils n'ont pas caché leur fierté non plus
そして彼らはプライドも隠さなかった
ils n'ont pas rendu visite aux filles d'autres marchands
彼らは他の商人の娘を訪ねることはなかった
parce qu'ils ne rencontrent que l'aristocratie

彼らは貴族としか会わないから
ils sortaient tous les jours pour faire la fête
彼らは毎日パーティーに出かけた
bals, pièces de théâtre, concerts, etc.
舞踏会、演劇、コンサートなど
et ils se moquèrent de leur plus jeune sœur
そして彼らは末の妹を笑った
parce qu'elle passait la plupart de son temps à lire
彼女はほとんどの時間を読書に費やしていたので
il était bien connu qu'ils étaient riches
彼らが裕福であることはよく知られていた
alors plusieurs marchands éminents ont demandé leur main
そこで何人かの著名な商人が彼らに協力を求めた
mais ils ont dit qu'ils n'allaient pas se marier
しかし彼らは結婚するつもりはないと言った
mais ils étaient prêts à faire quelques exceptions
しかし、彼らはいくつかの例外を認める用意があった
« Peut-être que je pourrais épouser un duc »
「公爵と結婚できるかもしれない」
« Je suppose que je pourrais épouser un comte »
「伯爵と結婚できるかもしれない」
Belle a remercié très civilement ceux qui lui ont proposé
美女はプロポーズしてくれた人たちにとても丁寧に感謝した
elle leur a dit qu'elle était encore trop jeune pour se marier
彼女は結婚するにはまだ若すぎると言った
elle voulait rester quelques années de plus avec son père
彼女は父親とあと数年一緒にいたかった
Tout d'un coup, le marchand a perdu sa fortune
突然、商人は財産を失った
il a tout perdu sauf une petite maison de campagne
彼は小さな田舎の家以外すべてを失った
et il dit à ses enfants, les larmes aux yeux :
そして彼は目に涙を浮かべながら子供たちにこう言いました。

« il faut aller à la campagne »
「田舎に行かなくてはならない」
« et nous devons travailler pour gagner notre vie »
「そして私たちは生活のために働かなければなりません」
les deux filles aînées ne voulaient pas quitter la ville
二人の長女は町を離れたくなかった
ils avaient plusieurs amants dans la ville
彼らには市内に数人の愛人がいた
et ils étaient sûrs que l'un de leurs amants les épouserait
そして彼らは恋人の一人が結婚してくれると確信していた
ils pensaient que leurs amants les épouseraient même sans fortune
彼らは財産がなくても恋人が結婚してくれると信じていた
mais les bonnes dames se sont trompées
しかし、その善良な女性たちは間違っていた
leurs amants les ont abandonnés très vite
彼らの恋人たちはすぐに彼らを捨てた
parce qu'ils n'avaient plus de fortune
彼らにはもう財産がなかったから
cela a montré qu'ils n'étaient pas vraiment appréciés
これは彼らが実際にはあまり好かれていなかったことを示している
tout le monde a dit qu'ils ne méritaient pas d'être plaints
誰もが同情されるに値しないと言った
« Nous sommes heureux de voir leur fierté humiliée »
「彼らのプライドが謙虚になったことを嬉しく思います」
« Qu'ils soient fiers de traire les vaches »
「牛の乳搾りを誇りに思ってもらいましょう」
mais ils étaient préoccupés par Belle
しかし彼らは美を気にしていた
elle était une créature si douce

彼女は本当に優しい人でした
elle parlait si gentiment aux pauvres
彼女は貧しい人々にとても優しく話しかけた
et elle était d'une nature si innocente
彼女はとても純粋な性格だった
Plusieurs messieurs l'auraient épousée
何人かの紳士が彼女と結婚しただろう
ils l'auraient épousée même si elle était pauvre
彼女は貧しかったが、彼らは彼女と結婚しただろう
mais elle leur a dit qu'elle ne pouvait pas les épouser
しかし彼女は結婚できないと言った
parce qu'elle ne voulait pas quitter son père
彼女は父親から離れようとしなかったから
elle était déterminée à l'accompagner à la campagne
彼女は彼と一緒に田舎へ行くことを決心した
afin qu'elle puisse le réconforter et l'aider
彼女は彼を慰め助けるために
pauvre Belle était très affligée au début
最初はとても悲しかった
elle était attristée par la perte de sa fortune
彼女は財産を失ったことを悲しんだ
"Mais pleurer ne changera pas mon destin"
「でも泣いても運命は変わらない」
« Je dois essayer de me rendre heureux sans richesse »
「富がなくても幸せになれるように努力しなければならない」
ils sont venus dans leur maison de campagne
彼らは田舎の家に来た
et le marchand et ses trois fils s'appliquèrent à l'agriculture
商人とその3人の息子は農業に専念した
Belle s'est levée à quatre heures du matin
朝の4時に美が目覚めた
et elle s'est dépêchée de nettoyer la maison
そして彼女は急いで家を掃除した
et elle s'est assurée que le dîner était prêt

そして彼女は夕食の準備ができていることを確認した
au début, elle a trouvé sa nouvelle vie très difficile
初めは彼女は新しい生活がとても困難だと感じた
parce qu'elle n'était pas habituée à un tel travail
彼女はそのような仕事に慣れていなかったので
mais en moins de deux mois elle est devenue plus forte
しかし、2ヶ月も経たないうちに彼女は強くなった
et elle était en meilleure santé que jamais auparavant
そして彼女は以前よりも健康になった
après avoir fait son travail, elle a lu
彼女は仕事を終えた後、本を読んだ
elle jouait du clavecin
彼女はハープシコードを演奏した
ou elle chantait en filant de la soie
あるいは絹を紡ぎながら歌った
au contraire, ses deux sœurs ne savaient pas comment passer leur temps
それどころか、彼女の二人の姉妹は時間をどう過ごすべきかを知らなかった。
ils se sont levés à dix heures et n'ont rien fait d'autre que paresser toute la journée
彼らは10時に起きて一日中何もせずに怠けていた
ils ont déploré la perte de leurs beaux vêtements
彼らは上等な衣服を失ったことを嘆いた
et ils se sont plaints d'avoir perdu leurs connaissances
そして彼らは知り合いを失ったことに不満を漏らした
« Regardez notre plus jeune sœur », se dirent-ils.
「私たちの末っ子の妹を見て」と彼らは互いに言った
"Quelle pauvre et stupide créature elle est"
「彼女はなんて哀れで愚かな生き物なのだろう」
"C'est mesquin de se contenter de si peu"
「ほんの少しのもので満足するのは意地悪だ」
le gentil marchand était d'un avis tout à fait différent
親切な商人は全く違う意見を持っていた
il savait très bien que Belle éclipsait ses sœurs

彼は彼女の美しさが姉妹たちを凌駕していることをよく知っていた
elle les a surpassés en caractère ainsi qu'en esprit
彼女は性格的にも精神的にも彼らを凌駕していた
il admirait son humilité et son travail acharné
彼は彼女の謙虚さと勤勉さを賞賛した
mais il admirait surtout sa patience
しかし何よりも彼は彼女の忍耐力に感心した
ses sœurs lui ont laissé tout le travail à faire
彼女の姉妹は彼女に全ての仕事を任せた
et ils l'insultaient à chaque instant
そして彼らは彼女を常に侮辱した
La famille vivait ainsi depuis environ un an.
家族は1年ほどこのように暮らしていた
puis le commerçant a reçu une lettre d'un comptable
すると商人は会計士から手紙を受け取った
il avait un investissement dans un navire
彼は船に投資していた
et le navire était arrivé sain et sauf
そして船は無事に到着した
Cette nouvelle a fait tourner les têtes des deux filles aînées
は二人の長女を驚かせた
ils ont immédiatement eu l'espoir de revenir en ville
彼らはすぐに町に戻ることを希望した
parce qu'ils étaient assez fatigués de la vie à la campagne
彼らは田舎暮らしにかなり飽きていたので
ils sont allés vers leur père alors qu'il partait
彼らは父親が去ろうとしているところへ行った
ils l'ont supplié de leur acheter de nouveaux vêtements
彼らは彼に新しい服を買ってくれるように頼んだ
des robes, des rubans et toutes sortes de petites choses
ドレス、リボン、その他いろいろな小物
mais Belle n'a rien demandé
しかし美しさは何も求めなかった
parce qu'elle pensait que l'argent ne serait pas suffisant

お金が足りないと思ったから
il n'y aurait pas assez pour acheter tout ce que ses sœurs voulaient
姉妹が欲しがるもの全てを買うには十分ではないだろう
"Que veux-tu, ma belle ?" demanda son père
「お嬢さん、何がほしい?」と父親は尋ねた。
« Merci, père, pour la bonté de penser à moi », dit-elle
「お父さん、私のことを思ってくれてありがとう」と彼女は言った
« Père, ayez la gentillesse de m'apporter une rose »
「お父さん、どうか私にバラを持ってきてください」
"parce qu'aucune rose ne pousse ici dans le jardin"
「ここの庭にはバラが育たないから」
"et les roses sont une sorte de rareté"
「そしてバラは一種の希少品です」
Belle ne se souciait pas vraiment des roses
美人はバラをあまり気にしていなかった
elle a juste demandé quelque chose pour ne pas condamner ses sœurs
彼女はただ姉妹を非難しないよう求めただけだった
mais ses sœurs pensaient qu'elle avait demandé des roses pour d'autres raisons
しかし、彼女の姉妹は彼女がバラを求めた理由は他にもあると考えていた
"Elle l'a fait juste pour avoir l'air particulière"
「彼女は特別に見えるためにそれをしただけ」
L'homme gentil est parti en voyage
親切な男は旅に出た
mais quand il est arrivé, ils se sont disputés à propos de la marchandise
しかし彼が到着すると彼らは商品について議論した
et après beaucoup d'ennuis, il est revenu aussi pauvre qu'avant
そして多くの苦労の末、彼は以前と同じように貧乏になって帰ってきた
il était à quelques heures de sa propre maison

彼は自分の家から数時間以内のところにいた
et il imaginait déjà la joie de revoir ses enfants
そして彼はすでに子供たちに会える喜びを想像していた
mais en traversant la forêt, il s'est perdu
しかし森を抜ける途中で道に迷ってしまった
il a plu et neigé terriblement
ひどい雨と雪が降った
le vent était si fort qu'il l'a fait tomber de son cheval
風が強すぎて彼は馬から投げ出された
et la nuit arrivait rapidement
そして夜が急速に近づいてきた
il a commencé à penser qu'il pourrait mourir de faim
彼は飢え死にするかもしれないと考え始めた
et il pensait qu'il pourrait mourir de froid
そして彼は凍死するかもしれないと思った
et il pensait que les loups pourraient le manger
そして彼はオオカミに食べられてしまうかもしれないと思った
les loups qu'il entendait hurler tout autour de lui
周囲で狼の遠吠えが聞こえた
mais tout à coup il a vu une lumière
しかし突然、彼は光を見た
il a vu la lumière au loin à travers les arbres
彼は木々の間から遠くの光を見た
quand il s'est approché, il a vu que la lumière était un palais
近づくと、その光は宮殿であることが分かった
le palais était illuminé de haut en bas
宮殿は上から下まで照らされていた
le marchand a remercié Dieu pour sa chance
商人は幸運を神に感謝した
et il se précipita vers le palais
そして彼は宮殿へ急いだ
mais il fut surpris de ne voir personne dans le palais
しかし、宮殿に人がいないことに驚いた。
la cour était complètement vide

中庭は完全に空っぽだった
et il n'y avait aucun signe de vie nulle part
どこにも生命の兆候はなかった
son cheval le suivit dans le palais
彼の馬は彼を追って宮殿に入った
et puis son cheval a trouvé une grande écurie
そして彼の馬は大きな馬小屋を見つけた
le pauvre animal était presque affamé
かわいそうな動物はほとんど飢えていました
alors son cheval est allé chercher du foin et de l'avoine
そこで彼の馬は干し草とオート麦を探しに行きました
Heureusement, il a trouvé beaucoup à manger
幸運にも彼は食べるものをたくさん見つけた
et le marchand attacha son cheval à la mangeoire
そして商人は馬を飼い葉桶に繋ぎました
En marchant vers la maison, il n'a vu personne
家に向かって歩いていると誰もいなかった
mais dans une grande salle il trouva un bon feu
しかし、大きなホールで彼は良い火を見つけた
et il a trouvé une table dressée pour une personne
そして彼は一人用のテーブルを見つけた
il était mouillé par la pluie et la neige
彼は雨と雪で濡れていた
alors il s'est approché du feu pour se sécher
そこで彼は体を乾かすために火のそばへ行った
« J'espère que le maître de maison m'excusera »
「家の主人が私を許してくれることを願っています」
« Je suppose qu'il ne faudra pas longtemps pour que quelqu'un apparaisse »
「誰かが現れるまで、そう時間はかからないだろう」
Il a attendu un temps considérable
彼はかなり長い間待った
il a attendu jusqu'à ce que onze heures sonnent, et toujours personne n'est venu
彼は11時を待ったが、誰も来なかった
enfin, il avait tellement faim qu'il ne pouvait plus attendre

ついに彼はあまりにも空腹になり、もう待てなくなった。

il a pris du poulet et l'a mangé en deux bouchées
彼は鶏肉を少し取って二口で食べた

il tremblait en mangeant la nourriture
彼は食べ物を食べながら震えていた

après cela, il a bu quelques verres de vin
その後彼はワインを数杯飲んだ

devenant plus courageux, il sortit du hall
彼は勇気を出してホールから出て行った

et il traversa plusieurs grandes salles
そして彼はいくつかの大きなホールを通り抜けた

il a traversé le palais jusqu'à ce qu'il arrive dans une chambre
彼は宮殿を歩き、ある部屋に入った。

une chambre qui contenait un très bon lit
非常に良いベッドのある部屋

il était très fatigué par son épreuve
彼は苦難のせいでとても疲れていた

et il était déjà minuit passé
そして時刻はすでに真夜中を過ぎていた

alors il a décidé qu'il était préférable de fermer la porte
そこで彼はドアを閉めるのが一番良いと判断した

et il a conclu qu'il devrait aller se coucher
そして彼は寝るべきだと結論した

Il était dix heures du matin lorsque le marchand s'est réveillé
商人が目を覚ましたのは午前10時だった

au moment où il allait se lever, il vit quelque chose
立ち上がろうとした瞬間、彼は何かを見た

il a été étonné de voir un ensemble de vêtements propres
彼はきれいな服を見て驚いた

à l'endroit où il avait laissé ses vêtements sales
彼が汚れた服を置いた場所に

"ce palais appartient certainement à une sorte de fée"

「確かにこの宮殿はある種の妖精の所有物だ」
" une fée qui m'a vu et qui a eu pitié de moi"
「私を見て哀れんだ妖精」
il a regardé à travers une fenêtre
彼は窓から外を見た
mais au lieu de neige, il vit le jardin le plus charmant
しかし雪の代わりに彼はとても美しい庭園を見た
et dans le jardin il y avait les plus belles roses
庭には美しいバラが咲いていました
il est ensuite retourné dans la grande salle
彼はその後大広間に戻った
la salle où il avait mangé de la soupe la veille
彼が前夜スープを食べたホール
et il a trouvé du chocolat sur une petite table
そして小さなテーブルの上にチョコレートを見つけた
« Merci, bonne Madame la Fée », dit-il à voix haute.
「ありがとう、優しい妖精さん」と彼は声を出して言った。
"Merci d'être si attentionné"
「とても気遣ってくれてありがとう」
« Je vous suis extrêmement reconnaissant pour toutes vos faveurs »
「あなたのご厚意に心から感謝いたします」
l'homme gentil a bu son chocolat
親切な男はチョコレートを飲んだ
et puis il est allé chercher son cheval
そして彼は馬を探しに行きました
mais dans le jardin il se souvint de la demande de Belle
しかし庭で彼は美女の願いを思い出した
et il coupa une branche de roses
そして彼はバラの枝を切り落とした
immédiatement il entendit un grand bruit
すぐに大きな音が聞こえた
et il vit une bête terriblement effrayante
そして彼は恐ろしく恐ろしい獣を見た

il était tellement effrayé qu'il était sur le point de s'évanouir
彼はとても怖かったので気を失いそうだった
« Tu es bien ingrat », lui dit la bête.
「あなたは本当に恩知らずだ」と獣は彼に言った。
et la bête parla d'une voix terrible
そして獣は恐ろしい声で言った
« Je t'ai sauvé la vie en te laissant entrer dans mon château »
「私はあなたを城に入れることであなたの命を救った」
"et pour ça tu me voles mes roses en retour ?"
「そしてそのお返しに私のバラを盗んだの？」
« Les roses que j'apprécie plus que tout »
「私が何よりも大切にしているバラ」
"mais tu mourras pour ce que tu as fait"
「しかし、あなたがしたことに対してあなたは死ぬことになるでしょう」
« Je ne vous donne qu'un quart d'heure pour vous préparer »
「準備に15分しか与えない」
« Préparez-vous à la mort et dites vos prières »
「死に備えて祈りを捧げなさい」
le marchand tomba à genoux
商人はひざまずいた
et il leva ses deux mains
そして彼は両手を挙げた
« Monseigneur, je vous supplie de me pardonner »
「主よ、どうか私をお許しください」
« Je n'avais aucune intention de t'offenser »
「あなたを怒らせるつもりはなかった」
« J'ai cueilli une rose pour une de mes filles »
「娘のためにバラを摘みました」
"elle m'a demandé de lui apporter une rose"
「彼女は私にバラを持って来るように頼みました」
« Je ne suis pas ton seigneur, mais je suis une bête », répondit le monstre
「私はあなたの主ではありませんが、私は獣です」と怪物は答えました

« Je n'aime pas les compliments »
「私は褒め言葉が好きではない」
« J'aime les gens qui parlent comme ils pensent »
「私は自分の考えをそのまま話す人が好きです」
« N'imaginez pas que je puisse être ému par la flatterie »
「私がお世辞に心を動かされるとは思わないで」
« Mais tu dis que tu as des filles »
「でも、あなたには娘がいるとおっしゃいますね」
"Je te pardonnerai à une condition"
「一つの条件で許してあげるよ」
« L'une de vos filles doit venir volontairement à mon palais »
「あなたの娘の一人が私の宮殿に喜んで来なければなりません」
"et elle doit souffrir pour toi"
「そして彼女はあなたのために苦しまなければならない」
« Donne-moi ta parole »
「あなたの言葉を聞いてください」
"et ensuite tu pourras vaquer à tes occupations"
「それから、自分の仕事に取り掛かってください」
« Promets-moi ceci : »
「私にこれを約束してください」
"Si votre fille refuse de mourir pour vous, vous devez revenir dans les trois mois"
「もしあなたの娘があなたのために死ぬことを拒否するなら、あなたは3ヶ月以内に帰って来なければなりません」
le marchand n'avait aucune intention de sacrifier ses filles
商人は娘たちを犠牲にするつもりはなかった
mais, comme on lui en donnait le temps, il voulait revoir ses filles une fois de plus
しかし、時間ができたので、もう一度娘たちに会いたかったのです
alors il a promis qu'il reviendrait

彼は戻ってくると約束した
et la bête lui dit qu'il pouvait partir quand il le voudrait
そして獣は彼に、いつでも出発していいと言った
et la bête lui dit encore une chose
そして獣はもう一つのことを彼に告げた
« Tu ne partiras pas les mains vides »
「空手で出発してはならない」
« retourne dans la pièce où tu étais allongé »
「横になっていた部屋に戻りなさい」
« vous verrez un grand coffre au trésor vide »
「大きな空の宝箱が見えるでしょう」
« Remplissez le coffre aux trésors avec ce que vous préférez »
「宝箱に一番好きなものを詰め込んでください」
"et j'enverrai le coffre au trésor chez toi"
「そして宝箱をあなたの家に送ります」
et en même temps la bête s'est retirée
そして同時に獣は退いた
« Eh bien, » se dit le bon homme
「そうだな」と善良な男は独り言を言った
« Si je dois mourir, je laisserai au moins quelque chose à mes enfants »
「もし私が死ななければならないなら、少なくとも子供たちに何かを残すだろう」
alors il retourna dans la chambre à coucher
そこで彼は寝室に戻った
et il a trouvé une grande quantité de pièces d'or
そして彼はたくさんの金貨を見つけた
il a rempli le coffre au trésor que la bête avait mentionné
彼は獣が言っていた宝箱を満たした
et il sortit son cheval de l'écurie
そして彼は馬小屋から馬を連れ出した
la joie qu'il ressentait en entrant dans le palais était désormais égale à la douleur qu'il ressentait en le quittant
宮殿に入るときに感じた喜びは、宮殿を出るときに感じ

た悲しみと同等だった。
le cheval a pris un des chemins de la forêt
馬は森の道の一つを進んだ
et quelques heures plus tard, le bon homme était à la maison
そして数時間後、その善良な男は家に帰った
ses enfants sont venus à lui
彼の子供たちが彼のもとに来た
mais au lieu de recevoir leurs étreintes avec plaisir, il les regardait
しかし、彼は喜んで彼らの抱擁を受け入れる代わりに、彼らを見つめた
il brandit la branche qu'il tenait dans ses mains
彼は手に持っていた枝を持ち上げました
et puis il a fondu en larmes
そして彼は泣き出した
« Belle », dit-il, « s'il te plaît, prends ces roses »
「美しい」と彼は言った。「このバラを受け取ってください」
"Vous ne pouvez pas savoir à quel point ces roses ont été chères"
「このバラがどれだけ高価だったかは分からないだろう」
"Ces roses ont coûté la vie à ton père"
「このバラのせいであなたのお父さんは命を落としたのです」
et puis il raconta sa fatale aventure
そして彼は致命的な冒険について語った
immédiatement les deux sœurs aînées crièrent
すぐに二人の姉が叫びました
et ils ont dit beaucoup de choses méchantes à leur belle sœur
そして彼らは美しい妹に多くの意地悪なことを言った
mais Belle n'a pas pleuré du tout
しかし美女は全く泣かなかった
« Regardez l'orgueil de ce petit misérable », dirent-ils.
「あの小悪魔のプライドを見てみろ」と彼らは言った

"elle n'a pas demandé de beaux vêtements"
「彼女は高級な服を求めなかった」
"Elle aurait dû faire ce que nous avons fait"
「彼女も私たちと同じことをすべきだった」
"elle voulait se distinguer"
「彼女は自分を目立たせたかった」
"alors maintenant elle sera la mort de notre père"
「それで今、彼女は私たちの父の死となるでしょう」
"et pourtant elle ne verse pas une larme"
「それでも彼女は涙を流さない」
"Pourquoi devrais-je pleurer ?" répondit Belle
「なぜ泣かなければならないの？」と美女は答えた
« pleurer serait très inutile »
「泣くことは全く無意味だ」
« Mon père ne souffrira pas pour moi »
「父は私のために苦しむことはない」
"le monstre acceptera une de ses filles"
「怪物は娘の一人を受け入れるだろう」
« Je m'offrirai à toute sa fureur »
「私は彼の怒りに身を捧げるつもりだ」
« Je suis très heureux, car ma mort sauvera la vie de mon père »
「私の死が父の命を救うことになるので、私はとても幸せです」
"ma mort sera une preuve de mon amour"
「私の死は私の愛の証拠となるでしょう」
« Non, ma sœur », dirent ses trois frères
「いいえ、姉さん」と彼女の3人の兄弟は言った。
"cela ne sera pas"
「それはあってはならない」
"nous allons chercher le monstre"
「モンスターを探しに行こう」
"et soit on le tue..."
「そして我々は彼を殺すことになるだろう...」
« ... ou nous périrons dans cette tentative »

「...さもなければ、我々はその試みで滅びるだろう」
« N'imaginez rien de tel, mes fils », dit le marchand.
「そんなことは想像しないでくれ、息子たちよ」と商人は言った。
"La puissance de la bête est si grande que je n'ai aucun espoir que tu puisses la vaincre"
「獣の力は強大なので、あなたがそれを打ち負かす望みはない」
« Je suis charmé par l'offre aimable et généreuse de Belle »
「私は美しさの優しく寛大な申し出に魅了されています」
"mais je ne peux pas accepter sa générosité"
「しかし私は彼女の寛大さを受け入れることはできない」
« Je suis vieux et je n'ai plus beaucoup de temps à vivre »
「私は年老いており、長く生きられない」
"Je ne peux donc perdre que quelques années"
「だから、失うのは数年だけ」
"un temps que je regrette pour vous, mes chers enfants"
「私の愛しい子供たちよ、あなたたちにとって残念な時間」
« Mais père », dit Belle
「でもお父さん」美女は言った
"tu n'iras pas au palais sans moi"
「私なしで宮殿へ行ってはいけない」
"tu ne peux pas m'empêcher de te suivre"
「私があなたを追いかけるのを止めることはできない」
rien ne pourrait convaincre Belle autrement
そうでなければ美を納得させることはできない
elle a insisté pour aller au beau palais
彼女は立派な宮殿に行くことを主張した
et ses sœurs étaient ravies de son insistance
そして彼女の姉妹たちは彼女の主張に大喜びしました
Le marchand était inquiet à l'idée de perdre sa fille
商人は娘を失うかもしれないと心配した

il était tellement inquiet qu'il avait oublié le coffre rempli d'or
彼は心配しすぎて、金が詰まった箱のことを忘れていた。
la nuit, il se retirait pour se reposer et fermait la porte de sa chambre
夜、彼は休むために部屋のドアを閉めた。
puis, à sa grande surprise, il trouva le trésor à côté de son lit
そして驚いたことに、彼はベッドサイドに宝物を見つけた。
il était déterminé à ne rien dire à ses enfants
彼は子供たちに言わないと決心した
s'ils savaient, ils auraient voulu retourner en ville
もし知っていたら、彼らは町に戻りたかっただろう
et il était résolu à ne pas quitter la campagne
そして彼は田舎を離れないことを決意した
mais il confia le secret à Belle
しかし彼は美しさに秘密を託した
elle l'informa que deux messieurs étaient venus
彼女は二人の紳士が来たと彼に伝えた
et ils ont fait des propositions à ses sœurs
そして彼らは彼女の姉妹にプロポーズをした
elle a supplié son père de consentir à leur mariage
彼女は父親に結婚の同意を懇願した
et elle lui a demandé de leur donner une partie de sa fortune
そして彼女は彼に財産の一部を寄付するよう頼んだ
elle leur avait déjà pardonné
彼女はすでに彼らを許していた
les méchantes créatures se frottaient les yeux avec des oignons
邪悪な生き物たちはタマネギで目をこすった
pour forcer quelques larmes quand ils se sont séparés de leur sœur
妹と別れるときに涙を流すために
mais ses frères étaient vraiment inquiets
しかし彼女の兄弟たちは本当に心配していた

Belle était la seule à ne pas verser de larmes
美女だけが涙を流さなかった
elle ne voulait pas augmenter leur malaise
彼女は彼らの不安を増大させたくなかった
le cheval a pris la route directe vers le palais
馬は宮殿への直行道を進んだ
et vers le soir ils virent le palais illuminé
そして夕方になると、彼らは明かりの灯った宮殿を見た
le cheval est rentré à l'écurie
馬は再び馬小屋に戻った
et le bon homme et sa fille entrèrent dans la grande salle
そして善良な男と娘は大広間に入った
ici ils ont trouvé une table magnifiquement dressée
ここで彼らは豪華な料理が並べられたテーブルを見つけた
le marchand n'avait pas d'appétit pour manger
商人は食べる気がなかった
mais Belle s'efforçait de paraître joyeuse
しかし、美人は明るく見えるよう努めた
elle s'est assise à table et a aidé son père
彼女はテーブルに座り、父親を手伝った
mais elle pensait aussi :
しかし、彼女はまたこうも思いました。
"La bête veut sûrement m'engraisser avant de me manger"
「獣はきっと私を食べる前に太らせたいのだろう」
"c'est pourquoi il offre autant de divertissement"
「だからこそ彼はこんなにも豊富なエンターテイメントを提供しているのです」
après avoir mangé, ils entendirent un grand bruit
彼らが食事を終えると大きな音が聞こえた
et le marchand fit ses adieux à son malheureux enfant, les larmes aux yeux
そして商人は目に涙を浮かべながら、不幸な子供に別れを告げた。
parce qu'il savait que la bête allait venir

獣が来ることを知っていたから
Belle était terrifiée par sa forme horrible
美女は彼の恐ろしい姿に恐怖した
mais elle a pris courage du mieux qu'elle a pu
しかし彼女はできる限りの勇気を出した
et le monstre lui a demandé si elle était venue volontairement
そして怪物は彼女に、自ら来たのかと尋ねた
"Oui, je suis venue volontiers", dit-elle en tremblant
「はい、喜んで来ました」と彼女は震えながら言った。
la bête répondit : « Tu es très bon »
獣は答えた、「あなたはとても良い人だ」
"et je vous suis très reconnaissant, honnête homme"
「そして私はあなたにとても感謝しています。正直者よ」
« Allez-y demain matin »
「明日の朝、行きなさい」
"mais ne pense plus jamais à revenir ici"
「しかし、二度とここに来ることは考えない」
« Adieu Belle, adieu bête », répondit-il
「さようなら美女、さようなら野獣」と彼は答えた
et immédiatement le monstre s'est retiré
そしてすぐに怪物は退散した
« Oh, ma fille », dit le marchand
「ああ、娘さん」と商人は言った
et il embrassa sa fille une fois de plus
そして彼はもう一度娘を抱きしめた
« Je suis presque mort de peur »
「死ぬほど怖いです」
"crois-moi, tu ferais mieux de rentrer"
「信じてください、戻った方がいいですよ」
"Laisse-moi rester ici, à ta place"
「あなたの代わりに、私がここにいさせてください」
« Non, père », dit Belle d'un ton résolu.
「いいえ、お父さん」と美女は毅然とした口調で言った

"tu partiras demain matin"
「明日の朝出発してください」
« Laissez-moi aux soins et à la protection de la Providence »
「神の配慮と保護に私を任せてください」
néanmoins ils sont allés se coucher
それでも彼らは寝た
ils pensaient qu'ils ne fermeraient pas les yeux de la nuit
彼らは一晩中目を閉じないだろうと思っていた
mais juste au moment où ils se couchaient, ils s'endormirent
しかし彼らは横になるとすぐに眠ってしまった
La belle rêva qu'une belle dame venait et lui disait :
美女は、美しい女性がやって来てこう言う夢を見ました。
« Je suis content, Belle, de ta bonne volonté »
「美しい人よ、あなたの善意に私は満足しています」
« Cette bonne action de votre part ne restera pas sans récompense »
「あなたのこの善行は報われないことはないだろう」
Belle s'est réveillée et a raconté son rêve à son père
美女は目を覚まし、父親に夢を話した
le rêve l'a aidé à se réconforter un peu
その夢は彼を少し慰めてくれた
mais il ne pouvait s'empêcher de pleurer amèrement en partant
しかし彼は去る時に激しく泣かずにはいられなかった
Dès qu'il fut parti, Belle s'assit dans la grande salle et pleura aussi
彼が去るとすぐに、美女も大広間に座り込み、泣きました
mais elle résolut de ne pas s'inquiéter
しかし彼女は不安にならないように決心した
elle a décidé d'être forte pour le peu de temps qui lui restait à vivre
彼女は残されたわずかな人生のために強くなろうと決心

した
parce qu'elle croyait fermement que la bête la mangerait
彼女は獣が自分を食べると固く信じていたので
Cependant, elle pensait qu'elle pourrait aussi bien explorer le palais
しかし、彼女は宮殿を探検してみるのもいいかもしれないと思った
et elle voulait voir le beau château
そして彼女は美しい城を見たいと思った
un château qu'elle ne pouvait s'empêcher d'admirer
彼女が思わず感嘆した城
c'était un palais délicieusement agréable
それはとても楽しい宮殿でした
et elle fut extrêmement surprise de voir une porte
彼女はドアを見てとても驚きました
et sur la porte il était écrit que c'était sa chambre
ドアの上には彼女の部屋と書かれていた
elle a ouvert la porte à la hâte
彼女は急いでドアを開けた
et elle était tout à fait éblouie par la magnificence de la pièce
彼女はその部屋の素晴らしさにすっかり魅了されてしまいました
ce qui a principalement retenu son attention était une grande bibliothèque
彼女の関心を最も惹きつけたのは大きな図書館だった
un clavecin et plusieurs livres de musique
ハープシコードと数冊の音楽本
« Eh bien, » se dit-elle
「そうね」と彼女は自分に言った
« Je vois que la bête ne laissera pas mon temps peser sur moi »
「獣は私の時間を重くしてはくれないだろう」
puis elle réfléchit à sa situation
そして彼女は自分の状況について考えた
« Si je devais rester un jour, tout cela ne serait pas là »

「もし私がここに1日滞在するつもりだったなら、これはすべてここにはなかったでしょう」
cette considération lui inspira un courage nouveau
この考えは彼女に新たな勇気を与えた
et elle a pris un livre de sa nouvelle bibliothèque
そして彼女は新しい図書館から本を取り出しました
et elle lut ces mots en lettres d'or :
そして彼女は金色の文字でこれらの言葉を読みました。
« Accueillez Belle, bannissez la peur »
「美を歓迎し、恐怖を追い払おう」
« Vous êtes reine et maîtresse ici »
「あなたはここでは女王であり女主人です」
« Exprimez vos souhaits, exprimez votre volonté »
「あなたの願いを語りなさい、あなたの意志を語りなさい」
« L'obéissance rapide répond ici à vos souhaits »
「ここでは素早い服従があなたの願いを満たします」
« Hélas, dit-elle avec un soupir
「ああ」と彼女はため息をつきながら言った。
« Ce que je souhaite par-dessus tout, c'est revoir mon pauvre père. »
「何よりも、私はかわいそうな父に会いたいのです」
"et j'aimerais savoir ce qu'il fait"
「そして彼が何をしているのか知りたいのです」
Dès qu'elle eut dit cela, elle remarqua le miroir
彼女がそう言うとすぐに鏡に気づいた
à sa grande surprise, elle vit sa propre maison dans le miroir
彼女は鏡に映った自分の家を見てとても驚いた。
son père est arrivé émotionnellement épuisé
彼女の父親は精神的に疲れ果てて到着した
ses sœurs sont allées à sa rencontre
彼女の姉妹は彼に会いに行った
malgré leurs tentatives de paraître tristes, leur joie était visible
彼らは悲しそうに見せようとしていたが、喜びは目に見

えた。
un instant plus tard, tout a disparu
一瞬後、すべてが消えた
et les appréhensions de Belle ont également disparu
そして美に対する不安も消えた
car elle savait qu'elle pouvait faire confiance à la bête
彼女は獣を信頼できると知っていた
À midi, elle trouva le dîner prêt
正午に彼女は夕食の準備ができていることに気づいた
elle s'est assise à la table
彼女はテーブルに座った
et elle a été divertie avec un concert de musique
そして彼女は音楽コンサートで楽しませられた
même si elle ne pouvait voir personne
彼女は誰にも会えなかったが
le soir, elle s'est à nouveau assise pour dîner
夜、彼女は再び夕食に着席した
cette fois elle entendit le bruit que faisait la bête
今度は獣が立てた音を聞いた
et elle ne pouvait s'empêcher d'être terrifiée
そして彼女は恐怖を感じずにはいられなかった
"Belle", dit le monstre
「美しい」と怪物は言った
"est-ce que tu me permets de manger avec toi ?"
「一緒に食事をしてもいいですか？」
« Fais comme tu veux », répondit Belle en tremblant
「好きなようにしてください」美女は震えながら答えた
"Non", répondit la bête
「いいえ」獣は答えた
"tu es seule la maîtresse ici"
「ここの女主人はあなただけです」
"tu peux me renvoyer si je suis gênant"
「面倒なら追い払ってもいいよ」
« renvoyez-moi et je me retirerai immédiatement »
「私を追い払ってください。そうすればすぐに撤退しま

す」

« Mais dis-moi, ne me trouves-tu pas très laide ? »
「でも、教えてください。あなたは私がとても醜いとは思いませんか？」

"C'est vrai", dit Belle
「それは本当よ」と美女は言った

« Je ne peux pas mentir »
「嘘はつけない」

"mais je crois que tu es de très bonne nature"
「でも、あなたはとても優しい人だと思います」

« Je le suis en effet », dit le monstre
「確かにそうだ」と怪物は言った

« Mais à part ma laideur, je n'ai pas non plus de bon sens »
「しかし、私の醜さは別として、私には分別がないのです」

« Je sais très bien que je suis une créature stupide »
「私は自分が愚かな生き物だということをよく知っています」

« Ce n'est pas un signe de folie de penser ainsi », répondit Belle.
「そう考えるのは愚かなことではありません」と美女は答えた。

« Mange donc, belle », dit le monstre
「じゃあ食べなさいよ、美人さん」と怪物は言った

« essaie de t'amuser dans ton palais »
「宮殿で楽しんでみてください」

"tout ici est à toi"
「ここにあるものはすべてあなたのものです」

"et je serais très mal à l'aise si tu n'étais pas heureux"
「あなたが幸せでなかったら、私はとても不安になるでしょう」

« Vous êtes très obligeant », répondit Belle
「とても親切ですね」と美女は答えた。

« J'avoue que je suis heureux de votre gentillesse »
「あなたの優しさに嬉しく思います」

« et quand je considère votre gentillesse, je remarque à peine vos difformités »
「あなたの優しさを考えると、あなたの欠点はほとんど気になりません」
« Oui, oui, dit la bête, mon cœur est bon.
「そうだ、そうだ」と獣は言った。「私の心は良い
"mais même si je suis bon, je suis toujours un monstre"
「しかし、私は善良ではあるが、それでも怪物だ」
« Il y a beaucoup d'hommes qui méritent ce nom plus que toi »
「あなたよりもその名にふさわしい男はたくさんいる」
"et je te préfère tel que tu es"
「そして私は、ありのままのあなたが好きです」
"et je te préfère à ceux qui cachent un cœur ingrat"
「そして私は恩知らずの心を隠す人々よりもあなたが好きです」
"Si seulement j'avais un peu de bon sens", répondit la bête
「もし私に分別があれば」と獣は答えた
"Si j'avais du bon sens, je vous ferais un beau compliment pour vous remercier"
「もし私に分別があれば、あなたに感謝するために素晴らしい賛辞を述べるでしょう」
"mais je suis si ennuyeux"
「でも私はとても退屈なの」
« Je peux seulement dire que je vous suis très reconnaissant »
「あなたには大変感謝しているとしか言えません」
Belle a mangé un copieux souper
美女はボリュームたっぷりの夕食を食べた
et elle avait presque vaincu sa peur du monstre
そして彼女は怪物に対する恐怖をほぼ克服した
mais elle a voulu s'évanouir lorsque la bête lui a posé la question suivante
しかし、獣が次の質問をしたとき、彼女は気を失いそうになった
"Belle, veux-tu être ma femme ?"

「美人さん、私の妻になってくれませんか？」
elle a mis du temps avant de pouvoir répondre
彼女は答えるまでに少し時間がかかった
parce qu'elle avait peur de le mettre en colère
彼を怒らせるのが怖かったから
Mais finalement elle dit "non, bête"
しかし、ついに彼女は「ダメよ、獣」と言った。
immédiatement le pauvre monstre siffla très effroyablement
すぐにそのかわいそうな怪物は恐ろしい声をあげた
et tout le palais résonna
そして宮殿全体に響き渡った
mais Belle se remit bientôt de sa frayeur
しかし美女はすぐに恐怖から立ち直った
parce que la bête parla encore d'une voix lugubre
獣は再び悲しげな声で話した。
"Alors adieu, Belle"
「それではさようなら、美人さん」
et il ne se retournait que de temps en temps
そして彼は時々引き返すだけだった
de la regarder alors qu'il sortait
出かけるときに彼女を見るために
maintenant Belle était à nouveau seule
今、美は再び一人ぼっちになった
elle ressentait beaucoup de compassion
彼女は大きな同情を感じた
"Hélas, c'est mille fois dommage"
「ああ、それは千の残念だ」
"tout ce qui est si bon ne devrait pas être si laid"
「こんなに善良なものは、こんなに醜いはずがない」
Belle a passé trois mois très heureuse dans le palais
美女は宮殿で3ヶ月間をとても満足して過ごした
chaque soir la bête lui rendait visite
毎晩、獣は彼女を訪ねた
et ils ont parlé pendant le dîner
そして夕食中に彼らは話をした

ils ont parlé avec bon sens
彼らは常識を持って話した
mais ils ne parlaient pas avec ce que les gens appellent de l'esprit
しかし彼らは、いわゆる機知に富んだ話し方をしなかった
Belle a toujours découvert un caractère précieux dans la bête
美は常に獣の中に価値ある特徴を発見した
et elle s'était habituée à sa difformité
そして彼女は彼の奇形に慣れていた
elle ne redoutait plus le moment de sa visite
彼女はもう彼の訪問を恐れていなかった
maintenant elle regardait souvent sa montre
彼女は今ではよく時計を見るようになった
et elle ne pouvait pas attendre qu'il soit neuf heures
そして彼女は9時になるのを待ちきれなかった
car la bête ne manquait jamais de venir à cette heure-là
獣は必ずその時間にやって来るから
il n'y avait qu'une seule chose qui concernait Belle
美しさに関することはただ一つだけだった
chaque soir avant d'aller au lit, la bête lui posait la même question
毎晩寝る前に獣は同じ質問をした
le monstre lui a demandé si elle voulait être sa femme
怪物は彼女に妻になってくれるかと尋ねた
un jour elle lui dit : "bête, tu me mets très mal à l'aise"
ある日彼女は彼に言いました。「獣よ、あなたは私をとても不安にさせるわ」
« J'aimerais pouvoir consentir à t'épouser »
「あなたと結婚することに同意できればいいのですが」
"mais je suis trop sincère pour te faire croire que je t'épouserais"
「でも、私はあなたと結婚するなんて信じさせるほど誠実ではない」
"Notre mariage n'aura jamais lieu"

「私たちの結婚は決して実現しないだろう」
« Je te verrai toujours comme un ami »
「私はいつもあなたを友達として見ています」
"S'il vous plaît, essayez d'être satisfait de cela"
「これで満足してみてください」
« Je dois me contenter de cela », dit la bête
「これで満足しなくちゃ」と獣は言った
« Je connais mon propre malheur »
「私は自分の不幸を知っている」
"mais je t'aime avec la plus tendre affection"
「でも私はあなたを心から愛しています」
« Cependant, je devrais me considérer comme heureux »
「しかし、私は自分自身を幸せだと考えるべきだ」
"et je serais heureux que tu restes ici"
「そしてあなたがここにいてくれることを私は嬉しく思います」
"promets-moi de ne jamais me quitter"
「私を決して見捨てないと約束してください」
Belle rougit à ces mots
美女はこの言葉を聞いて顔を赤らめた
Un jour, Belle se regardait dans son miroir
ある日、美女は鏡を見ていた
son père s'était inquiété à mort pour elle
彼女の父親は彼女のことを心配していた
elle avait plus que jamais envie de le revoir
彼女は今まで以上に彼にもう一度会いたいと願っていた
« Je pourrais te promettre de ne jamais te quitter complètement »
「あなたを完全に見捨てることはないと約束できます」
"mais j'ai tellement envie de voir mon père"
「でも、私は父に会いたいと強く願っているんです」
« Je serais terriblement contrarié si tu disais non »
「もしあなたがノーと言ったら、私はとんでもなく怒るでしょう」
« Je préfère mourir moi-même », dit le monstre

「私は死んだほうがましだ」と怪物は言った
« Je préférerais mourir plutôt que de te mettre mal à l'aise »
「不安を感じさせるくらいなら死んだほうがましだ」
« Je t'enverrai vers ton père »
「私はあなたをあなたの父のところへ送ります」
"tu resteras avec lui"
「あなたは彼と一緒にいなさい」
"et cette malheureuse bête mourra de chagrin à la place"
「そしてこの不幸な獣は悲しみのうちに死ぬだろう」
« Non », dit Belle en pleurant
「いいえ」美女は泣きながら言った
"Je t'aime trop pour être la cause de ta mort"
「私はあなたを愛しすぎていて、あなたの死の原因にはなり得ない」
"Je te promets de revenir dans une semaine"
「一週間以内に戻ってくると約束します」
« Tu m'as montré que mes sœurs sont mariées »
「あなたは私の姉妹が結婚していることを教えてくれました」
« et mes frères sont partis à l'armée »
「そして私の兄弟は軍隊に行きました」
« laisse-moi rester une semaine avec mon père, car il est seul »
「父は独り身なので、一週間父のところに泊まらせてください」
« Tu seras là demain matin », dit la bête
「明日の朝にはそこにいるだろう」と獣は言った
"mais souviens-toi de ta promesse"
「でも約束を忘れないで」
« Il vous suffit de poser votre bague sur une table avant d'aller vous coucher »
「寝る前に指輪をテーブルの上に置くだけでいい」
"et alors tu seras ramené avant le matin"
「そして朝までには連れ戻されるでしょう」
« Adieu chère Belle », soupira la bête

「さようなら、愛しい人よ」と獣はため息をついた。
Belle s'est couchée très triste cette nuit-là
美女はその夜とても悲しそうに眠りについた
parce qu'elle ne voulait pas voir la bête si inquiète
獣が心配しているのを見たくなかったから
le lendemain matin, elle se retrouva chez son père
翌朝、彼女は父親の家にいることに気づいた
elle a sonné une petite cloche à côté de son lit
彼女はベッドサイドの小さなベルを鳴らした
et la servante poussa un grand cri
メイドは大きな悲鳴をあげた
et son père a couru à l'étage
そして彼女の父親は階段を駆け上がった
il pensait qu'il allait mourir de joie
彼は喜びのうちに死ぬだろうと思った
il l'a tenue dans ses bras pendant un quart d'heure
彼は15分間彼女を抱きしめた
Finalement, les premières salutations étaient terminées
結局最初の挨拶は終わった
Belle a commencé à penser à sortir du lit
美女はベッドから起き上がることを考え始めた
mais elle s'est rendu compte qu'elle n'avait apporté aucun vêtement
しかし彼女は服を持ってこなかったことに気づいた
mais la servante lui a dit qu'elle avait trouvé une boîte
しかしメイドは箱を見つけたと彼女に言った
le grand coffre était plein de robes et de robes
大きなトランクはガウンやドレスでいっぱいだった
chaque robe était couverte d'or et de diamants
それぞれのドレスは金とダイヤモンドで覆われていた
La Belle a remercié la Bête pour ses bons soins
美女は野獣の優しい気遣いに感謝した。
et elle a pris l'une des robes les plus simples
そして彼女は最もシンプルなドレスの一つを選んだ
elle avait l'intention de donner les autres robes à ses sœurs

彼女は他のドレスを姉妹にあげるつもりだった
mais à cette pensée le coffre de vêtements disparut
しかしその考えに、衣服の入った箱は消えた
la bête avait insisté sur le fait que les vêtements étaient pour elle seulement
獣は服は自分だけのものだと主張した
son père lui a dit que c'était le cas
彼女の父親は彼女にこう言った
et aussitôt le coffre de vêtements est revenu
するとすぐに衣服の入ったトランクが戻ってきました
Belle s'est habillée avec ses nouveaux vêtements
美女は新しい服を着た
et pendant ce temps les servantes allèrent chercher ses sœurs
そしてその間にメイドたちは彼女の姉妹を探しに行った
ses deux sœurs étaient avec leurs maris
彼女の姉妹は二人とも夫と一緒にいた
mais ses deux sœurs étaient très malheureuses
しかし、彼女の姉妹は二人ともとても不幸でした
sa sœur aînée avait épousé un très beau gentleman
彼女の姉はとてもハンサムな紳士と結婚した
mais il était tellement amoureux de lui-même qu'il négligeait sa femme
しかし彼は自分自身を愛しすぎて妻を無視した
sa deuxième sœur avait épousé un homme spirituel
彼女の二番目の姉は気の利いた男と結婚した
mais il a utilisé son esprit pour tourmenter les gens
しかし彼はその機知を人々を苦しめるために使った
et il tourmentait surtout sa femme
そして彼は妻を最も苦しめた
Les sœurs de Belle l'ont vue habillée comme une princesse
美女の姉妹は彼女が王女のような服を着ているのを見た
et ils furent écœurés d'envie
そして彼らは嫉妬に苛まれていた
maintenant elle était plus belle que jamais
彼女は今、かつてないほど美しくなった
son comportement affectueux n'a pas pu étouffer leur

jalousie
彼女の愛情深い態度は彼らの嫉妬を抑えることができなかった
elle leur a dit combien elle était heureuse avec la bête
彼女は獣と一緒にいるのがどんなに幸せか彼らに話した
et leur jalousie était prête à éclater
そして彼らの嫉妬は爆発寸前だった
Ils descendirent dans le jardin pour pleurer leur malheur
彼らは庭に降りて、自分たちの不幸を嘆きました
« En quoi cette petite créature est-elle meilleure que nous ? »
「この小さな生き物は、どんな点で私たちより優れているのでしょうか?」
« Pourquoi devrait-elle être tellement plus heureuse ? »
「なぜ彼女はそんなに幸せになるべきなの?」
« Sœur », dit la sœur aînée
「姉さん」と姉は言った
"une pensée vient de me traverser l'esprit"
「ある考えが頭に浮かんだ」
« Essayons de la garder ici plus d'une semaine »
「彼女を1週間以上ここに留めておくように努力しましょう」
"Peut-être que cela fera enrager ce monstre idiot"
「おそらくこれは愚かな怪物を激怒させるだろう」
« parce qu'elle aurait manqué à sa parole »
「彼女は約束を破っただろうから」
"et alors il pourrait la dévorer"
「そして彼は彼女を食い尽くすかもしれない」
"C'est une excellente idée", répondit l'autre sœur
「それは素晴らしい考えよ」ともう一人の姉妹は答えた。
« Nous devons lui montrer autant de gentillesse que possible »
「私たちは彼女にできる限りの優しさを示さなければなりません」
les sœurs en ont fait leur résolution

姉妹はこれを決意した
et ils se sont comportés très affectueusement envers leur sœur
そして彼らは妹に対してとても愛情深く振る舞った
pauvre Belle pleurait de joie à cause de toute leur gentillesse
貧しい美女は彼らの優しさに喜びの涙を流した
quand la semaine fut expirée, ils pleurèrent et s'arrachèrent les cheveux
1週間が過ぎると、彼らは泣きながら髪の毛をむしり取った。
ils semblaient si désolés de se séparer d'elle
彼らは彼女と別れるのがとても残念に思えた
et Belle a promis de rester une semaine de plus
そして美しさは1週間長く続くと約束した
Pendant ce temps, Belle ne pouvait s'empêcher de réfléchir sur elle-même
その間、美は自分自身を反省せずにはいられなかった
elle s'inquiétait de ce qu'elle faisait à la pauvre bête
彼女はかわいそうな獣に何をしているのか心配した
elle sait qu'elle l'aimait sincèrement
彼女は心から彼を愛していたことを知っている
et elle avait vraiment envie de le revoir
そして彼女は本当に彼にもう一度会いたかった
la dixième nuit qu'elle a passée chez son père aussi
10日目の夜も彼女は父親の家で過ごした
elle a rêvé qu'elle était dans le jardin du palais
彼女は宮殿の庭にいる夢を見た
et elle rêva qu'elle voyait la bête étendue sur l'herbe
そして彼女は夢の中で獣が草の上に伸びているのを見た
il semblait lui faire des reproches d'une voix mourante
彼は死にそうな声で彼女を非難しているようだった
et il l'accusa d'ingratitude
そして彼は彼女の恩知らずを非難した
Belle s'est réveillée de son sommeil
美女は眠りから目覚めた
et elle a fondu en larmes

そして彼女は泣き出した
« Ne suis-je pas très méchant ? »
「私はそんなに邪悪な人間ではないでしょうか?」
« N'était-ce pas cruel de ma part d'agir si méchamment envers la bête ? »
「私が獣に対してこんなにも無慈悲な行為をしたのは残酷ではなかったでしょうか?」
"la bête a tout fait pour me faire plaisir"
「獣は私を喜ばせるためにあらゆることをした」
« Est-ce sa faute s'il est si laid ? »
「彼がこんなに醜いのは彼のせいですか?」
« Est-ce sa faute s'il a si peu d'esprit ? »
「彼がそんなに知恵がないのは彼のせいですか?」
« Il est gentil et bon, et cela suffit »
「彼は優しくて良い人です。それで十分です」
« Pourquoi ai-je refusé de l'épouser ? »
「なぜ私は彼との結婚を拒否したのか?」
« Je devrais être heureux avec le monstre »
「モンスターに満足するべきだ」
« regarde les maris de mes sœurs »
「私の姉妹の夫たちを見てください」
« Ni l'esprit, ni la beauté ne les rendent bons »
「機知に富んでいるとか、ハンサムであるとかいうことは、彼らを善良にするわけではない」
« aucun de leurs maris ne les rend heureuses »
「どちらの夫も彼女たちを幸せにしてくれない」
« mais la vertu, la douceur de caractère et la patience »
「しかし、美徳、優しい気質、そして忍耐」
"ces choses rendent une femme heureuse"
「これらは女性を幸せにする」
"et la bête a toutes ces qualités précieuses"
「そしてその獣はこれらすべての価値ある性質を持っている」
"c'est vrai, je ne ressens pas de tendresse et d'affection pour lui"

「それは本当です。私は彼に対して愛情の優しさを感じません」
"mais je trouve que j'éprouve la plus grande gratitude envers lui"
「しかし、私は彼に最大の感謝の気持ちを抱いています」
"et j'ai la plus haute estime pour lui"
「そして私は彼を最も尊敬しています」
"et il est mon meilleur ami"
「そして彼は私の親友です」
« Je ne le rendrai pas malheureux »
「彼を不幸にはさせない」
« Si j'étais si ingrat, je ne me le pardonnerais jamais »
「もし私がそんなに恩知らずだったら、私は自分自身を決して許さないだろう」
Belle a posé sa bague sur la table
美女は指輪をテーブルの上に置いた
et elle est retournée au lit
そして彼女はまたベッドに横になった
à peine était-elle au lit qu'elle s'endormit
彼女はベッドに入るとすぐに眠りに落ちた
elle s'est réveillée à nouveau le lendemain matin
彼女は翌朝また目覚めた
et elle était ravie de se retrouver dans le palais de la bête
そして彼女は自分が野獣の宮殿にいることに大喜びしました
elle a mis une de ses plus belles robes pour lui faire plaisir
彼女は彼を喜ばせるために最も素敵なドレスを着た
et elle attendait patiemment le soir
そして彼女は辛抱強く夕方を待った
enfin l' heure tant souhaitée est arrivée
ついに待ち望んだ時が来た
L'horloge a sonné neuf heures, mais aucune bête n'est apparue
時計は9時を打ったが、獣は現れなかった

La belle craignit alors d'avoir été la cause de sa mort
美女は自分が彼の死の原因ではないかと恐れた
elle a couru en pleurant dans tout le palais
彼女は泣きながら宮殿中を走り回った
après l'avoir cherché partout, elle se souvint de son rêve
彼をあちこち探し回った後、彼女は夢を思い出した
et elle a couru vers le canal dans le jardin
そして彼女は庭の運河まで走って行きました
là elle a trouvé la pauvre bête étendue
そこで彼女は哀れな獣が横たわっているのを見つけた
et elle était sûre de l'avoir tué
そして彼女は彼を殺したと確信した
elle se jeta sur lui sans aucune crainte
彼女は何の恐れもなく彼に飛びかかった
son cœur battait encore
彼の心臓はまだ動いていた
elle est allée chercher de l'eau au canal
彼女は運河から水を汲んだ
et elle versa l'eau sur sa tête
そして彼女は彼の頭に水を注ぎました
la bête ouvrit les yeux et parla à Belle
野獣は目を開けて美女に話しかけた
« Tu as oublié ta promesse »
「約束を忘れた」
« J'étais tellement navrée de t'avoir perdu »
「あなたを失ったことはとても悲しかった」
« J'ai décidé de me laisser mourir de faim »
「私は飢え死にしようと決心した」
"mais j'ai le bonheur de te revoir une fois de plus"
「でも、もう一度あなたに会えて幸せです」
"j'ai donc le plaisir de mourir satisfait"
「だから私は満足して死ぬ喜びを得る」
« Non, chère bête », dit Belle, « tu ne dois pas mourir »
「いいえ、愛しい獣よ」美女は言った。「あなたは死んではいけないわ」

« Vis pour être mon mari »
「私の夫になるために生きてください」
"à partir de maintenant je te donne ma main"
「この瞬間から私はあなたに手を差し伸べます」
"et je jure de n'être que le tien"
「そして私はあなたのものになることを誓います」
« Hélas ! Je pensais n'avoir que de l'amitié pour toi »
「ああ！私はあなたとただの友情でいたいと思っていた」
« mais la douleur que je ressens maintenant m'en convainc » ;
「しかし、今私が感じている悲しみが私を納得させます。」
"Je ne peux pas vivre sans toi"
「あなたなしでは生きていけない」
Belle avait à peine prononcé ces mots lorsqu'elle vit une lumière
美女が光を見たとき、彼女はこれらの言葉を言った
le palais scintillait de lumière
宮殿は光で輝いていた
des feux d'artifice ont illuminé le ciel
花火が空を照らした
et l'air rempli de musique
空気は音楽で満たされた
tout annonçait un grand événement
すべてが大きな出来事を予告していた
mais rien ne pouvait retenir son attention
しかし、彼女の注意を引くものは何もなかった
elle s'est tournée vers sa chère bête
彼女は愛する獣に目を向けた
la bête pour laquelle elle tremblait de peur
彼女が恐怖に震えた獣
mais sa surprise fut grande face à ce qu'elle vit !
しかし、彼女は見たものにとても驚きました！
la bête avait disparu

獣は姿を消した
Au lieu de cela, elle a vu le plus beau prince
代わりに彼女は最も美しい王子様を見た
elle avait mis fin au sort
彼女は呪いを解いた
un sort sous lequel il ressemblait à une bête
彼を獣のような姿にした呪文
ce prince était digne de toute son attention
この王子は彼女の注目に値する人物だった
mais elle ne pouvait s'empêcher de demander où était la bête
しかし彼女は獣がどこにいるのか尋ねずにはいられなかった
« Vous le voyez à vos pieds », dit le prince
「あなたの足元に彼がいるのが見えますよ」と王子は言った
« Une méchante fée m'avait condamné »
「邪悪な妖精が私を非難した」
« Je devais rester dans cette forme jusqu'à ce qu'une belle princesse accepte de m'épouser »
「美しい王女が私と結婚するまで、私はその姿のままでいなければならなかった」
"la fée a caché ma compréhension"
「妖精は私の理解を隠した」
« tu étais le seul assez généreux pour être charmé par la bonté de mon caractère »
「私の気質の良さに魅了されるほど寛大な人はあなただけだった」
Belle était agréablement surprise
美人は嬉しい驚きを感じた
et elle donna sa main au charmant prince
そして彼女は魅力的な王子に手を差し出した
ils sont allés ensemble au château
彼らは一緒に城に入った
et Belle fut ravie de retrouver son père au château
美女は城で父親を見つけて大喜びしました

et toute sa famille était là aussi
彼女の家族全員もそこにいた
même la belle dame qui lui était apparue dans son rêve était là
夢に現れた美しい女性もそこにいた
"Belle", dit la dame du rêve
「美しい」と夢の中の女性は言った
« viens et reçois ta récompense »
「来て報酬を受け取ってください」
« Vous avez préféré la vertu à l'esprit ou à l'apparence »
「あなたは知恵や容姿よりも美徳を優先した」
"et tu mérites quelqu'un chez qui ces qualités sont réunies"
「そしてあなたは、これらの資質を兼ね備えた人に値するのです」
"tu vas être une grande reine"
「あなたは偉大な女王になるでしょう」
« J'espère que le trône ne diminuera pas votre vertu »
「王位があなたの徳を損なわないことを願います」
puis la fée se tourna vers les deux sœurs
それから妖精は二人の姉妹のほうを向いた
« J'ai vu à l'intérieur de vos cœurs »
「私はあなたたちの心の中を見ました」
"et je connais toute la méchanceté que contiennent vos cœurs"
「そして私はあなたの心にある悪意をすべて知っています」
« Vous deux deviendrez des statues »
「あなたたち二人は彫像になるだろう」
"mais vous garderez votre esprit"
「しかし、あなたは心を留めるでしょう」
« Tu te tiendras aux portes du palais de ta sœur »
「あなたは妹の宮殿の門に立つでしょう」
"Le bonheur de ta sœur sera ta punition"
「妹の幸せがあなたの罰となる」
« vous ne pourrez pas revenir à vos anciens états »

「以前の状態には戻れないだろう」
« à moins que vous n'admettiez tous les deux vos fautes »
「ただし、二人とも自分の過ちを認めない限りは」
"mais je prévois que vous resterez toujours des statues"
「しかし、私はあなたがいつまでも彫像のままであると予見しています」
« L'orgueil, la colère, la gourmandise et l'oisiveté sont parfois vaincus »
「プライド、怒り、貪欲、怠惰は、時には克服される」
" mais la conversion des esprits envieux et malveillants sont des miracles "
「しかし、嫉妬と悪意に満ちた心の改心は奇跡である」
immédiatement la fée donna un coup de baguette
すぐに妖精は杖で一撃を与えた
et en un instant tous ceux qui étaient dans la salle furent transportés
そして一瞬のうちにホールにいた全員が
ils étaient entrés dans les domaines du prince
彼らは王子の領土に入っていた
les sujets du prince l'ont reçu avec joie
王子の臣下たちは喜んで彼を迎えた
le prêtre a épousé Belle et la bête
司祭は美女と野獣と結婚した
et il a vécu avec elle de nombreuses années
そして彼は彼女と何年も一緒に暮らした
et leur bonheur était complet
そして彼らの幸福は完璧だった
parce que leur bonheur était fondé sur la vertu
彼らの幸福は徳に基づいていたから

La fin
終わり

www.tranzlaty.com

www.ingramcontent.com/pod-product-compliance
Lightning Source LLC
Chamberburg PA
CBHW011554070526
44585CB00023B/2594